LA
CONVERSION DU 5 0/0
EN 1883
(LOI DU 27 AVRIL)

PAR

A. RENOUVELLAT

—

PRIX : 1 franc.

—

PARIS

LIBRAIRIE COTILLON

F. PICHON, SUCCESSEUR, IMPRIMEUR-ÉDITEUR,

Libraire du Conseil d'État et de la Société de Législation comparée.

24, RUE SOUFFLOT, 24.

—

1883

57b

LA

CONVERSION DU 5 0/0

EN 1883

(LOI DU 27 AVRIL)

PAR

A. RENOUVELLAT

PRIX : 1 franc.

PARIS

LIBRAIRIE COTILLON

F. PICHON, SUCCESSEUR, IMPRIMEUR-ÉDITEUR,

Libraire du Conseil d'État et de la Société de Législation comparée.

24, RUE SOUFFLOT, 24.

1883

CONVERSION DU 5 0/0

EN 1883

(LOI DU 27 AVRIL)

Ces temps derniers un grand nombre de journaux se
sont élevés avec ardeur contre une réforme actuellement accompli : la conversion. Tout a été dit contre cette
opération ; on a entassé pour la combattre sophismes
sur sophismes ; on en a contesté même la légalité !!! Aussi
n'est-il peut-être pas hors de propos, avant d'entrer
dans l'examen de la loi du 27 avril 1883, de présenter
quelques considérations générales sur cette mesure
financière. Les questions de finances sont du reste
assez ordinairement ignorées du public, et c'est presque un devoir de jeter un peu de lumière autour d'elles
lorsque l'occasion s'en présente.

La première question qui se pose au sujet de la conversion est celle de savoir si elle est *légale.* Elle l'est
incontestablement, car le droit de convertir dérive du
droit de rembourser. En effet, convertir une rente,
le 5 0/0 par exemple, c'est dire aux porteurs : « L'Etat va
vous rembourser votre titre au pair, c'est-à-dire à
100 fr. comme il en a la faculté, mais si vous le préférez,
il vous échangera ce titre contre un nouveau d'un intérêt moins élevé; si vous *n'optez* pas pour la conversion, on vous *imposera* le remboursement. » Or le droit
de rembourser appartient-il à l'État ? C'est ce qui n'est
pas douteux. Le rapport de la loi du 24 août 1793 ren-
ferme à ce sujet le passage suivant : « Nous n'aurions
pas terminé notre travail sur la dette publique si nous

1

ne vous présentions pas les moyens d'en opérer le remboursement. » On lit aussi dans un exposé fait la même année sur la dette viagère cette affirmation décisive : « La nation pourra toujours rembourser la dette consolidée lorsqu'elle le trouvera convenable. » Nous pouvons citer des arguments plus appropriés à la conversion actuelle. M. Pouyer-Quertier ministre des finances disait en 1871 dans l'exposé des motifs du projet d'emprunt de deux millards, pour justifier le choix du type 5 0/0 : « Le chiffre de notre dette se trouvera considérablement accru, mais le gouvernement est tellement résolu à introduire dans nos finances l'économie la plus stricte et la plus sévère, qu'à l'exemple des Etats-Unis *il pourra réduire*, par des mesures d'un effet rapide et certain ces charges nouvelles (séance du 6 juin 1871). »

Quelques jours après M. Casimir Périer, rapporteur du projet, s'exprimait ainsi dans la séance du 17 juin 1871 : « Deux considérations militent en faveur du 5 0/0 : c'est un fonds généralement préféré des petites bourses ; c'est dans ce fonds que s'opère le plus volontiers, dans les pays où il existe, le placement de l'épargne. Le capital nominal de la dette est moins élevé, et cette raison, qui en d'autres temps n'a pas eu la même valeur qu'aujourd'hui, peut sembler décisive, alors qu'un emprunt fait fort au-dessous du pair offre à l'emprunteur des chances futures de remboursement avantageux, tout en laissant aux prêteurs, dans la différence entre le prix d'émission et celui du remboursement, une large rémunération. »

M. Thiers prononçait à son tour dans la séance du 20 juin de la même année les paroles suivantes dont la portée est significative : « Maintenant, voici l'avantage pratique : il n'est jamais arrivé, depuis les malheurs qui ont fondu sur nos têtes, que la rente française payât 6 0/0, jamais ! Si elle avait payé 6 0/0, le monde entier serait accouru pour l'arracher de nos mains.

« La rente française, si renommée dans le monde, donnant 6 0/0 ! non cela ne s'est jamais vu. Quand la rente française donnait 5 0/0, tout le monde en voulait ; mais quand elle donnera 6 0/0, tout le monde en voudra bien davantage encore, je l'espère et j'espère aussi que, si nous réalisons cette parole de l'homme illustre sous lequel j'ai appris à connaître les éléments de la matière que je traite aujourd'hui devant vous, cette parole du baron Louis : « Si vous êtes sages, je vous donnerai plus d'argent que vous n'en pourrez dépenser ! » Si nous mettons en pratique cette belle et éloquente parole, nous nous approcherons en très peu de temps de 5 1/2 0/0, de 5 1/4 0/0 et peut-être de 5 0/0....

« Alors nous pouvons renouveler le contrat ; alors le 6 0/0 que nous émettons aujourd'hui à 81, 82, 83, je ne sais pas au juste, sera bientôt à 90 et, même avant qu'il soit au pair, il sera possible de renouveler le contrat à de meilleures conditions.

« Voilà, messieurs, l'avantage qu'il y a de ne pas trop élever le capital nominal au profit du prêteur : c'est lorsqu'on n'est plus aussi loin du terme que l'on peut renouveler le contrat et, en le renouvelant améliorer les conditions. »

Ces textes sont, ce nous semble, suffisamment probants et démontrent bien le droit qu'a l'État de rembourser ou de convertir. Le remboursement et la conversion se justifient de la même façon, car cette dernière opération ne résulte, on l'a vu, que d'une option faite par le porteur.

Voilà pour la légalité de la conversion.

Comme il arrive souvent qu'une mesure légale n'est pas équitable, nous sommes naturellement amenés à nous demander si la conversion est philosophiquement légitime.

Lorsque l'État emprunte, c'est le plus souvent dans des circonstances difficiles où le crédit public est ébranlé. Il ne peut dès lors obtenir les capitaux qu'il sollicite qu'en donnant de gros intérêts aux prêteurs. Cette situation de l'État ne lui est pas du reste spéciale, c'est aussi celle des particuliers. Lorsqu'un particulier a besoin d'argent il est obligé de passer sous les fourches caudines des prêteurs, il emprunte à de mauvaises conditions, à un taux élevé ; mais il garde le droit de rembourser aussitôt qu'il le pourra. Aussi, dès que sa situation se sera améliorée, il dira à son créancier : « Je puis me passer de l'argent que vous m'avez prêté à 6 0/0, aussi je vous offre de vous le rembourser comme j'en ai le droit ; toutefois si vous le préférez, je garderai votre argent à 4 0/0. Choisissez. » Ce droit accordé sans conteste aux particuliers, pourquoi le refuserait-on à l'État ? Pourquoi l'État ne pourrait-il pas offrir à ses créanciers de leur payer sa dette ? Pourquoi continuerait-il à leur servir un intérêt plus élevé que le cours actuel du loyer des capitaux, lorsqu'il a légalement la faculté de se libérer et d'emprunter à de meilleures conditions ?

Convertir n'est pas seulement un droit pour l'État, c'est aussi un devoir dès que les circonstances le permettent. L'État est le gardien des intérêts des contribuables et il ne lui est pas permis de les laisser en souffrance. Il a le même rôle qu'un tuteur vis-à-vis de son pupille. Que dirait-on d'un tuteur qui ne rembourserait pas, dès qu'il le pourrait, un prêt onéreux fait au mineur dont il administre les biens ? Or l'intérêt des contribuables commande de faire toutes les économies compatibles avec le développement moral et matériel du pays, la conversion en est une, donc l'État doit la faire.

Eh quoi ! C'est avec l'argent des contribuables, de l'ouvrier travaillant de longues heures pour subvenir aux besoins de sa femme et de ses enfants, du cultivateur dont la situation économique est si difficile en présence de la concurrence étrangère, surtout de la concurrence américaine, c'est avec l'argent du pauvre qu'on continuerait à servir à des oisifs un intérêt qui n'est pas en rapport avec le bon marché de l'argent! Je sais bien que tous les petits porteurs de rentes ne sont pas des oisifs; mais ils le sont en partie, en ce qui concerne la perception de leurs revenus, vu que ceux-ci ne leur coûtent aucun effort personnel actuel. Nous ne nions pas du reste la légitimité de la possession des capitaux, car le capital n'est qu'une manifestation, une conséquence du travail, soit du travail de celui qui le possède, soit du travail de ses ancêtres. Mais, qu'on y songe, le capitaliste est l'élément improductif de la nation, et, pour ne pas amoindrir une situation à laquelle il n'a pas droit, il ne faut pas grever l'élément vivant, le producteur, d'une charge illégitime. Ainsi la conversion s'imposait, quelque minime que pût paraître l'économie qu'elle devait procurer.

Passons aux faibles arguments opposés à la conversion.

On nous dit que le 5 0/0 est le mode de placement préféré par la petite épargne. Cela est vrai, mais il n'en faudrait pas conclure que le 5 0/0 fut exclusivement entre les mains des petits porteurs. Loin de là. C'étaient au contraire les rentiers aisés qui en avaient la plus grande partie. Et du reste qu'est-ce qui nous prouve que ces petits possesseurs de rentes sur le sort desquels on s'est attendri n'avaient pas d'autres revenus, d'autres moyens d'existence? Au surplus n'avaient-ils rien à se reprocher? Nauraient-ils pas dû, s'ils avaient été prudents, vendre leurs titres 5 0/0 pour acquérir des valeurs moins précaires, du 3 0/0 par exemple et se mettre ainsi à l'abri de l'éventualité d'une conversion. La plupart des porteurs pouvaient le faire. Pourquoi ne l'ont-ils pas fait? Parce qu'il leur souriait davantage d'avoir un titre leur rapportant un intérêt élevé. Mais alors, de quoi peuvent-ils se plaindre? N'ont-ils pas préféré soumettre leur capital à la possibilité d'un remboursement au pair afin de percevoir de plus gros intérêts? Mais m'objectera-t-on, s'ils avaient vendu, ceux qui auraient acquis leurs titres se seraient trouvés dans la situation qu'eux-mêmes voulaient éviter ! Je réponds que si tous les porteurs de 5 0/0 eussent voulu vendre, l'abondance de ce titre sur le marché en eut amené la baisse et cette baisse se répartissant sur les porteurs successifs eut été très légère pour chacun d'eux. Le titre s'approchant dès lors du pair, le dernier possesseur, lors du remboursement ou la conversion n'aurait subi qu'une perte fort minime.

Mais du reste, les acheteurs de 5 0/0 tenaient bien compte de cette épée de Damoclès suspendue sur leur tête : le remboursement ou la conversion. En effet, le 3 0/0 avant que le public n'ait acquis la certitude de la conversion flottait entre 79 et 80 francs. En faisant un calcul de parité, on voit que le 5 0/0 aurait dû être coté 132 fr. environ. S'il n'était à la même époque qu'à 113 c'est que la crainte du remboursement était prise en considération par les porteurs.

M. Charles-M. Limousin rédacteur de *la France* (je cite ce publiciste et ce journal car l'un et l'autre ont été des plus ardents à mener la campagne anti-conversionniste) : M. Limousin s'exprimait ainsi quelques jours avant le dépôt du projet du gouvernement : « la plupart des institutions de prévoyance, sociétés de secours mutuels et autres, ont l'habitude de placer leurs réserves, les fonds destinés à la retraite de leurs vieux membres en 5 0/0. La conversion va les atteindre et réduire le montant de ces réserves ainsi que la pension des vieillards d'un dixième.

« Il y a plus encore, certains établissements qui ont un privilège de l'État, le Crédit foncier par exemple, sont obligés d'employer leurs capitaux en rentes de l'État. Ces capitaux disponibles vont donc eux aussi se trouver décimés. »

M. Paul de Cassagnac tenant un langage à peu près identique à celui de M. Limousin disait le 23 avril 1883 à la tribune de la Chambre des députés : « Vous allez toucher à la Légion d'honneur ; vous allez toucher à la caisse de retraite pour la vieillesse, aux invalides de la marine ; vous allez toucher aux gens les plus intéressants en France, aux pauvres, aux petits, à la démocratie, au peuple enfin... Presque tous les fonds des caisses d'épargne et des sociétés de prévoyance, se trouvent placés en 5 0/0. Bien plus, le Crédit foncier, les départements, les communes, sont obligés de placer leurs fonds sur l'État, et ils ont placé presque tout en 5 0/0. Voilà donc les invalides, les vieillards, les petites gens, les départements, les communes, les porteurs des titres du Crédit foncier, dont les revenus vont être décimés, diminués de 10 0/0. » C'est d'un bon naturel de s'intéresser aux départements et aux communes, aux invalides et aux vieillards possesseurs de rente 5 0/0. Mais il est ce nous semble une classe aussi intéressante, c'est celle des prolétaires forcés de gagner péniblement le pain de chaque jour à la sueur de leur front ! Ces travailleurs eux, lorsqu'ils sont arrivés à la vieillesse après une vie de labeurs et de privations n'ont pas pour la plupart acquis encore le droit de se reposer et lorsque leurs bras épuisés se refusent à les faire vivre, ils ne rencontrent pour leur venir en aide qu'une société marâtre impuissante ou inhabile à les secourir. Voilà une catégorie d'invalides, les invalides du travail, qui méritent, ce me semble, autant d'égards que ceux sur le sort desquels on s'apitoie !

Je le demande à M. Paul de Cassagnac et à M. Limousin, est-ce cette catégorie de Français qu'il faut continuer à imposer sans mesure pour que quelques rentiers (dont quelques-uns peuvent être très intéressants, j'en conviens) ne subissent pas une légère diminution de leurs revenus? Et que l'on n'aille pas me dire que les impôts ne pèsent pas exclusivement sur les pauvres. Je répondrai que ce sont eux qui sont le plus lourdement chargés, plus lourdement que l'équité ne le commande, c'est du reste là une vérité qui ne peut je crois être sérieusement contestée par personne. Les arguments de M. de Cassagnac et de M. Limousin sont du reste bien vieux et bien usés. Ce sont ceux qu'on opposait au projet de conversion de Robert Walpole en 1737. On lit en effet, dans un ouvrage en date de 1803 de M. Sinclair, historien anglais de finances (*History of the revenue of the Bristish empire*, page 500, tome I) : « On est étonné aujourd'hui, dit M. Sinclair, de l'*absurdité* des arguments dont on fit usage pour écarter l'adoption du projet de loi, on peignit sous les couleurs les plus fortes la destinée des *veuves* et des *orphelins* dont le revenu allait être diminué. »

Après avoir écarté les arguments qui consistent à mettre en relief la situation plus ou moins intéressante de quelques porteurs, nous sommes amenés à nous demander quelle est au juste la diminution de capital ou d'intérêt que fait subir aux possesseurs de 5 p. 100 la conversion en 4 1/2 0/0. Elle n'est que de *deux francs* environ sur le *capital* vu qu'avant le dépôt du projet le 5 0/0 était à 113 et le 4 1/2 aux environs de 111. (Le 4 1/2 est aujourd'hui presque au même taux si l'on tient compte du détachement d'un coupon. Quant aux *intérêts*, ils sont réduits d'un *dixième*; et, malgré cette réduction, le taux du placement nouveau ressort pour ceux qui ont subi la conversion à 4.05 0/0, tandis que le 3 0/0 au cours actuel ne rapporte que 3.78; les porteurs convertis ne sont-ils pas encore les plus favorisés parmi les créanciers de l'État?

Passons aux résultats des conversions. Si on en consulte l'histoire, on est frappé des bienfaits qu'elles ont produits. Ce n'est pas en France qu'il faut chercher des enseignements car les diverses conversions qui y ont été tentées l'ont été, sauf peut-être celle de 1852, dans de mauvaises conditions techniques; c'est dans un pays qui en matière économique et financière nous laisse bien loin derrière lui, c'est en Angleterre que nous de-

vons spécialement puiser nos leçons. Nous n'entrerons
pas dans le détail de toutes les conversions qui y ont été
opérées. Nous les citerons seulement pour montrer combien elles sont fréquentes.

En 1715 on convertit le 6 0/0 en 5 0/0.
Peu après   —   5 0/0 en 4 0/0.
En 1750   —   4 0/0 en 3 1/2 0/0 et en 3 0/0.
En 1757   —   3 1/2 0/0 en 3 0/0.

On s'arrêta là car on ne pouvait plus dès lors convertir que lorsque le 3 0/0 aurait dépassé le pair. Ces diverses conversions du XVIIIe siècle avaient amené une
économie du *sixième* sur le budget général de l'Etat
et de plus *du tiers* sur la dette publique. Est-ce un résultat assez éloquent?

De 1791 à 1815 les guerres entre l'Angleterre et la
France avait forcé ce premier pays à contracter de nouveaux impôts pour une somme d'environ 20 milliards.
Dès que le calme se fut rétabli, on songea à alléger le
poids de la dette par des conversions répétées.

En 1822 conversion du 5 0/0 en 4 0/0.
1826   —   4 0/0 ancien en 3 1/2.
1830   —   4 0/0 nouveau en 3 1/2.
1834   —   4 0/0 restant en 3 1/2.
1844   —   3 1/2 0/0 en 3 1/4.
1854   —   3 1/4 0/0 en 3.

Toute la dette fut ainsi ramenée au type 3 0/0. En
faisant la conversion de 1844 en 3 1/4 0/0 on annonça
qu'elle serait suivie d'une autre en 3 0/0 en 1854 et
on stipula que ce 3 0/0 ne serait ni remboursable, ni
conversible avant 20 ans, c'est-à-dire avant 1874. Vers
la fin de 1880 lorsque le 3 0/0 n'était encore qu'à 101
on parlait déjà de le convertir; aujourd'hui encore
malgré les troubles qu'amène en Angleterre l'agitation
irlandaise, on parle de convertir le 3 0/0 en 2 3/4
0/0. Du reste la politique des cabinets wigs et tories est
identique sur la question des conversions, tous pensent

qu'il faut songer à convertir dès que les consolidés dépassent le pair, si toutefois l'état financier et économique du pays ne s'y oppose pas. Voilà pour l'Angleterre. De la Hollande nous nous bornerons à dire qu'elle a converti sa dette en 2 1/2 0/0. Aux Etats-Unis il y a eu aussi dans ces dernières années des conversions ayant pour but de diminuer les charges contractées lors de la guerre fédérale. Les Américains ont successivement converti par séries le 6 0/0 en 5 0/0, le 5 0/0 en 4 1/2, le 4 1/2 en 4 0/0 et enfin le 4 en 3 0/0. Ces diverses conversions ont amené une réduction de plus de 5 milliards dans leur dette. Est-ce là encore un exemple que nous devions négliger??

En France il y a eu aussi un certain nombre de tentatives conversionnistes. Quelques-unes à peine ont abouti; mais toutes les conversions opérées à l'exception de celle de 1852 ont été effectuées dans de mauvaises conditions. Et pourtant, que de belles occasions de convertir! De 1825 à 1852 il y eut une période de prospérité très accentuée où nos fonds publics s'élevèrent à un taux qu'ils ont rarement atteint depuis. On peut affirmer, sans crainte d'être téméraire, que si, durant ces 27 années on avait usé du système des conversions notre dette serait inférieure de plus de de 50 millions à ce qu'elle est aujourd'hui. C'est donc un milliard environ que nous a fait perdre la pusillanimité du régime de Juillet! Alors comme aujourd'hui on craignait de s'aliéner les rentiers. A cette époque on était dans la logique des choses en évitant une mesure qui pouvait mécontenter ceux dans lesquels le gouvernement censitaire de Louis-Philippe puisait sa force. Mais aujourd'hui semblable peut-elle être invoquée?

Depuis 1876 on aurait pu convertir avec succès; pourquoi ne l'a-t-on pas fait ? Pourquoi ? je le dirai crûment. Parce que les députés s'étaient tenus jusqu'ici le langage suivant : « En me prêtant à la conversion, « je vais mécontenter les porteurs de titres 5 0/0. Je

« m'en ferai des ennemis personnels qui me reproche-
« ront la diminution de leurs revenus. Or les rentiers
« sont en général influents, ils ont l'influence que donne
« toujours la fortune surtout dans les circonscriptions
« rurales. Je vais me les aliéner ; et au profit de qui ? au
« profit des contribuables ? Mais ceux-ci me sauront-ils
« gré de la diminution d'impôts qui résultera de la con-
« version ? Cette diminution sera du reste si faible et si
« peu sensible, 1 0/0 environ ! Mieux vaut donc conser-
« ver le *statu quo*, mon intérêt électoral le commande !..»
Je sais bien que ce n'est pas là un langage patriotique
et désintéressé, s'inspirant des intérêts généraux du
pays ; mais c'est celui que la majorité et les ministères
issus d'elle se sont tenus jusqu'ici, quoiqu'ils aient
garde de l'avouer.

Les citations qui vont suivre montrent bien l'inten-
sité de la sollicitude que les hommes politiques et tous
les partis apportent aux rentiers. Les auteurs d'amendements ayant pour but la conversion en 3 0/0 ont
été spécialement mus par la préoccupation de leur sort.
Aussi de crainte de les léser voulaient-ils leur rendre
capital pour capital.

M. Lefèvre disait : « Vous allez infliger une perte aux
porteurs de rente sur leurs intérêts et les alarmer sur
leur capital. Il en résultera des perturbations dans la
fortune publique qui seront de nature à indisposer l'o-
pinion contre la mesure que vous allez prendre, quelque
conforme qu'elle soit au droit strict. Ce qui importe
avant tout, c'est que les rentiers comprennent que vous
leur rendez au moins capital pour capital. »

M. Allain-Targé disait à son tour en exposant son
système : « Dès maintenant, le porteur aura l'avantage
d'avoir un titre 3 0/0 dans les mains, titre qui a une
marge de 25 fr. de hausse et on lui rend en capital bien
au-delà de ce qu'on lui prend comme revenu. » Il nous
dit encore : « Si les rentiers gagnent trop, eh bien ce
sera tant mieux. » Ce sont là des paroles d'une profon-

deur qui dépasse notre intelligence. Pour notre part nous n'avons jamais pu comprendre comment tout le monde pouvait gagner dans une opération de conversion. Que diable, il faut bien que l'argent sorte de la poche de quelqu'un ! Comment ceux à qui on le prend pourraient-ils s'enrichir ? En matière financière on ne saurait trop se défier des projets par lesquels on veut contenter tout le monde et son père. Nous verrons plus loin où est le défaut des projets de conversion en 3 0/0.

M. Haentjens s'exprimait ainsi : « Il faut pouvoir dire aux rentiers : si cette conversion que nous vous offrons ne vous convient pas, nous vous donnons un titre qui vaut, au cours du jour, à peu près ce que vous avez dépensé pour acheter votre rente. »

M. Rouvier disait en réponse à une interruption de M. Tirard ministre des finances : « 5 fr. de rente représentent un capital qui varie, suivant les cours de la Bourse de chaque jour. A un moment donné, ces cours ont été de 120 fr., 115, 114 et dans ces derniers temps de 112. Si vous voulez faire une opération de conversion *qui respecte tous les droits du rentier*, il faut au moment où vous lui remettez un titre nouveau faire le calcul de telle façon que, ce jour-là même il puisse aliéner son titre moyennant une somme égale à celle qu'il aurait recouvrée s'il avait vendu son 5 0/0. »

Les paroles de ces divers députés nous étonnent profondément. Nous nous demandons en vertu de quel principe l'État doit rendre au porteur capital pour capital. Il ne doit légalement que 100 fr. aux porteurs de 5 0/0, quelle est la raison plausible pour qu'il leur donne 112, 113, 120 fr ? Les paroles de l'honorable M. Rouvier sont dangereuses car elles vont jusqu'à nier la légitimité du remboursement au pair. En effet, dire que pour respecter les droits des porteurs il faut leur donner une somme égale à celle qu'ils auraient obtenue en vendant leur 5 0/0 à la Bourse le jour où la conversion a eu lieu, c'est bien dire que ce serait injuste de leur donner moins, c'est bien nier l'équité et même la légalité du remboursement à 100 fr.

A cette raison tirée des ménagements à garder vis-à-vis des rentiers influents, à cette raison de préoccupation électorale, nous devons en ajouter une autre : l'influence occulte des banquiers qui étaient opposés à la conversion, car elle leur enlevait un élément de spéculation. Cette influence de la banque est considérable; car elle a un pied dans beaucoup de journaux. M. de Douville-Maillefeu a flétri sévèrement à la Chambre le rôle d'une partie de la presse dans la question de la conversion. « Il faut dire ici la vérité et ne pas craindre de s'élever contre la vénalité de la majorité de la presse parisienne dans cette question. Je ne veux ni outrager ni insulter personne, mais je considère comme un devoir de dire la vérité.

« Je comprends très bien que les journaux de l'extrême droite, que les journaux conservateurs défendent leurs intérêts, les gros portefeuilles : c'est leur affaire...

« Quand vous voyez des journaux dits modérés, et dont la modération ne se manifeste que par la férocité à attaquer le cabinet qui fait son devoir en demandant la conversion, et d'autres journaux dits intransigeants, des journaux qui se disent socialistes, qui ont la prétention d'être les défenseurs de ceux qui n'ont que leurs bras pour vivre, faire des articles *pleurnichards* sur les pauvres rentiers, il est impossible de ne pas reconnaître là la preuve d'une vénalité honteuse.

« Il est regrettable que, dans un pays de suffrage universel, les véritables éducateurs du peuple se conduisent de la sorte. Messieurs je suis heureux de constater que la presse de province, plus modeste, qui n'a pas une clientèle aussi nombreuse que celle de Paris, n'a pas suivi la majorité de la presse parisienne dans cette campagne anti-patriotique. »

Quoique la préoccupation électorale ait été la principale cause qui ait écarté jusqu'ici la réalisation de la conversion, il n'en faudrait pas conclure à l'impopularité absolue de cette mesure. Non les conversions ne sont pas impopulaires ; l'histoire financière de l'Angleterre et des États-Unis est là pour le démontrer.

En France même nous pouvons citer la conversion de 1852 qui fut faite par Napoléon au moment où il allait consulter la nation. Si le gouvernement impérial avait cru s'aliéner le pays en convertissant, il est bien certain qu'il eut renvoyé après les élections l'accomplissement de cette opération.

Il est étonnant que malgré ces exemples de l'histoire les divers ministères qui se sont succédé depuis 1876 aient toujours redouté la conversion comme un fantôme. On l'a écartée, comme nous l'avons dit, par pure préoccupation politique, que les motifs allégués pour différer cette mesure cherchaient mal à déguiser. Ainsi M. Gambetta qui a exercé sur la direction des affaires publiques une influence occulte et prépondérante, prononçait à Romans en septembre 1878 les paroles suivantes que l'on s'étonne d'avoir vu tomber des lèvres d'un homme d'État : « Quelquefois les sommets du droit sont les sommets de l'injustice ; non je ne laisserai pas léser, pour faire la conversion de la rente, les porteurs, qui sont venus avec confiance à la République en apportant leur argent pour la libération du territoire. Il faut qu'il s'écoule un temps moral et matériel avant de toucher à cette question, afin que l'État ne paraisse pas abuser de ses droits. »

M. Paul de Cassagnac se servait le 23 avril 1883 du même argument que M. Gambetta en 1878 : « Quelle est l'origine du 5 0/0? disait M. de Cassagnac, c'est une origine qui aurait dû vous commander le plus grand respect. Le 5 0/0 a été créé après nos désastres, à une époque où l'argent osait à peine sortir de chez lui, vous le savez bien. Il y a eu un mérite spécial dans ce prêt patriotique. Vous avez eu besoin d'argent, c'est-à-dire nous avons eu besoin d'argent, la France a eu besoin d'argent.

Cet argent a afflué, et maintenant vous traitez ceux qui nous l'ont apporté dans des jours difficiles comme des ennemis... » Voilà certes, contre la conversion des arguments étranges tirés du prétendu patriotisme des souscripteurs. J'y réponds. Tout d'abord je ferai remarquer qu'en 1878 et en 1883 un assez grand nombre nombre d'années s'étaient écoulées depuis les emprunts qui avaient suivi la guerre et durant cet espace de temps les titres 5 0/0 avaient en partie changé de mains, surtout les titres au porteur. Dès lors, ne pas convertir par reconnaissance pour le soi-disant dévouement des souscripteurs, c'était faire une libéralité qui allait partiellement contre son but, vu qu'elle s'adressait aux porteurs actuels et non à ceux qui avaient souscrit.

Mais n'est-il pas véritablement puéril de parler de patriotisme à propos de souscriptions à un emprunt? Il faudrait bien peu connaître le capitaliste pour croire qu'il se décide par patriotisme. S'il a souscrit aux emprunts de 1871 et de 1872 c'est qu'il s'est tenu ce langage : « Dans la crise que nous avons traversée le commerce et l'industrie ont subi de rudes atteintes. Ils ne se sont pas encore relevés de leurs souffrances et je ne puis avec sécurité leur confier mes capitaux. L'État est un bien *meilleur débiteur*. De plus il m'offre *un intérêt élevé* (6 0/0). Pour cette double raison je vais à lui. » Voilà le seul motif qui a décidé le capitaliste. Croit-on qu'il aurait souscrit si on ne lui eut offert que 2 ou 3 0/0?...

Et il s'agit d'étrangers, viendra-t-on prétendre que c'est par patriotisme qu'ils se sont portés souscripteurs? Les Anglais, les Italiens, les Autrichiens, qui se sont bien gardés lors de la guerre de 1870-71 d'intervenir en notre faveur, même diplomatiquement, les Allemands qui nous ont pris deux de nos plus belles provinces et nous ont avidement rançonnés, est-ce par patriotisme qu'ils ont souscrit à l'emprunt??... Il n'est pas nécessaire d'être bien au courant du mécanisme des emprunts pour

2

saisir la faiblesse de l'argument que nous réfutons. Lorsqu'un emprunt a lieu, les banquiers supputent le nombre de fois qu'il sera couvert. Estiment-ils qu'il sera couvert cinq fois, ils demandent cinq fois plus de rente qu'ils n'en désirent avoir, car lors de la réduction présumée des souscriptions ils obtiendront par ce moyen la quantité effective de rente par eux désirée. Trouvera-t-on aussi du patriotisme dans cette conduite des banquiers qui souscrivent à de fortes sommes dans le seul but de revendre leurs titres avec bénéfice?

Puisque l'occasion s'en présente et quoique cela sorte de notre sujet, nous nous permettrons de redresser incidemment une erreur assez répandue. On se figure généralement que plus un emprunt est couvert de fois, plus l'opération financière est belle : on entonne alors les louanges du ministre des finances et du gouvernement qui inspirent une si grande confiance. On ne saurait commettre une plus grave erreur !! C'est le contraire qu'on devrait faire, car plus un emprunt est couvert de fois, plus il est désastreux et plus on devrait blâmer le gouvernement et le ministre qui sacrifient à la réussite apparente de leur emprunt les véritables intérêts du pays. Si en effet l'emprunt est couvert vingt fois, cela prouve que l'Etat, au taux où il fait l'émission, trouve vingt fois plus de prêteurs (fictifs ou réels) qu'il ne lui en faut. Ce taux était de 6 0/0 environ en 1871. Mais parmi ces souscripteurs, il en est certainement qui eussent prêtés à un taux moindre, à 5,75 0/0 par exemple, d'autres même à 5 fr. 50 ou 5 fr. Peut-être y en aurait-il eu qui se fussent contentés d'un intérêt moindre. Et dès lors n'est-il pas coupable d'emprunter à 6 0/0 lorsqu'on peut le faire à moins? N'est-ce pas grever les contribuables d'une charge annuelle supérieure à celles qu'ils auraient été obligés de supporter si le gouvernement avait su trouver des prêteurs moins exigeants. Aussi l'emprunt idéal serait celui qui ne serait couvert qu'une fois : ce serait le signe que l'Etat a emprunté au taux le plus bas possible, ce taux étant exactement celui de son crédit. Que l'on puisse arriver à cette précision mathématique avec le mode actuel de souscription publique, il serait insensé de le prétendre ; mais quelle opinion avoir néanmoins d'un emprunt couvert 20, 30 ou 40 fois ? On pourrait atteindre à peu près le résultat idéal que j'indique par un mode de souscription en usage dans les colonies Australiennes qu'il est hors de propos de développer ici. Qu'il nous suffise d'avoir démontré que lorsqu'un emprunt était couvert un grand nombre de fois, c'était une preuve que l'État avait emprunté à un taux *trop élevé* et avait fait en conséquence une mauvaise opération.

Après avoir prouvé la légitimité et l'utilité de la conversion et avoir indiqué les résultats pratiques auxquels sont arrivés les peuples qui s'en sont servis, nous devons nous demander si elle était actuellement opportune chez nous. En la matière qui nous occupe, il n'est pas permis de passer la question d'opportunité sous silence, car la conversion œuvre excellente en théorie peut devenir désastreuse par suite du moment où on l'exécute. Le temps le plus propice pour convertir est le début ou le milieu d'une période de prospérité. C'est lorsque le marché est actif et a une tendance à la hausse, que l'on doit convertir, car la perte que subiront les porteurs du titre converti sera en partie atténuée par l'accroissement de valeur de celui qui leur sera donné en échange. La conversion, il ne faut pas le nier, jette toujours du reste une légère perturbation sur le marché et cette perturbation sera, on le conçoit, d'autant moins sensible, que le tourbillon des affaires suivra une marche plus rapide. Eh bien l'Etat du marché permettrait-il de faire la conversion ? Disons d'abord que les faits l'ont prouvé. Mais il était facile de prévoir ce résultat. La situation économique du pays sans être excellente était néanmoins assez bonne pour permettre d'exécuter la conversion bénigne proposée par la commission : aucune guerre n'était à prévoir, les capitaux n'étaient pas très demandés et on ne pouvait pas craindre une raréfaction de l'argent qui eut poussé les rentiers à réclamer le remboursement ; de plus la balance du commerce, malgré les mauvaises récoltes de ces dernières années, n'était pas défavorable à notre pays. Il n'y avait pas non plus un trop grand déclassement des titres 5 0/0, les titres flottants étaient en petite quantité relativement à la masse des titres classés. Toutes ces circonstances faisaient présager la réussite de la conversion. Certes les années qui se sont succédées depuis 1876 eussent offert de bien plus belles occasions de convertir. En 1877 le 4 1/2 0/0 était à 104 et le 5 0/0 à 106 ; les cours de ces deux valeurs étaient sensiblement les mêmes car on s'attendait à la conversion. On commit la faute de dire qu'elle n'aurait pas lieu et l'on poussa ainsi beaucoup de personnes à acquérir du 5 0/0 en leur donnant l'assurance qu'ils ne seraient pas convertis. Cette assurance fut réitérée dans maintes occasions par les hommes qui se trouvaient à la tête du pouvoir et par ceux qui exerçaient une influence occulte sur les destinées de la nation. Le public s'est aussi habitué à croire qu'on ne convertirait jamais et il a acheté durant les années 1878, 1879, 1880, 1881, 1882, pour plus de quarante millions de rentes 5 0/0 à des cours dont la moyenne était de 115 fr. environ. N'est-ce pas coupable d'avoir favorisé ainsi la hausse d'un titre que l'intérêt public commandait de convertir ? Quelle lourde responsabilité n'ont pas aussi encourue ceux qui par leur langage ont éloigné l'idée de la conversion ! Responsabilité vis-à-vis des acheteurs de 5 0/0 qu'ils ont poussé à entrer dans un titre sur lequel ceux-ci subissent une perte ; responsabilité vis-à-vis des contribuables car ils ont empêché par la hausse des cours de faire une conversion plus profitable à ces derniers que celle qui a été votée par les Chambres.

Après avoir présenté quelques considérations sur la

légalité, la légitimité, l'utilité et l'opportunité de la conversion, nous entrerons dans la critique de la loi du 27 avril 1883.

Passons d'abord en revue les principaux systèmes proposés à la Chambre. Ils sont, pour la plupart, inférieurs au projet du gouvernement dont la loi actuelle n'est qu'une modification. Éliminons d'abord le projet de M. Laroche-Joubert tendant à convertir toutes les rentes en un type unique 4 0/0 avec la faculté pour le porteur d'opter entre le remboursement ou la conversion. Les titres anciens, soit qu'ils dussent être remboursés, soit qu'ils dussent être convertis, auraient été estimés ainsi : ceux de 5 fr. à 100 fr., ceux de 4 fr. 50 à 90. Ceux de 4 fr. à 80, ceux de 3 fr. à 60 fr. M. Naquet a parfaitement caractérisé cet amendement en disant qu'il proposait la banqueroute : l'honorable député du Vaucluse n'a eu que le tort de retirer son expression. Où M. Laroche-Joubert a-t-il vu que l'État avait le droit de rembourser le 3 0/0 à 60 fr. ?

Divers modes de conversion en 3 0/0 ont été proposés : 1º l'amendement de M. Germain, 2º l'amendement de M. Marion, 3º l'amendement de M. Haentjens, 4º celui de MM. Lefèvre et Rouvier, 5º celui de M. Allain-Targé, 6º celui de M. Lockroy.

Les uns et les autres ont des inconvénients communs.

1º Ils empêchent de procéder à des conversions futures et successives et à réaliser de ce fait une économie qui pourra aller annuellement à 145 millions.

2º Ils augmentent le capital nominal de la dette publique.

Nous développerons plus loin ces deux inconvénients. Donnons d'abord un aperçu des divers systèmes de conversion en 3 0/0.

1º *Amendement de M. Germain.* — M. Germain propose de donner à tout porteur de 5 fr. de rente 5 0/0, 4 fr. 50 de rente 3 0/0 émise à 75 fr. L'économie réalisée ainsi serait de 34 millions annuels.

2º *Amendement de M. Marion.* — Article unique :
« Le 5 0/0 sera converti en 3 0/0 perpétuel par l'échange
de 5 fr. de rente 5 0/0 en 4 fr. 50 de rente 3 0/0. Chaque
porteur de 5 fr. de rente 5 0/0 aura le droit de sou-
scrire 0 fr. 50 de rente 3 0/0 en versant une somme
de 11 francs à payer en huit échéance. » Cet amendement n'aurait apporté comme le précédent que 34
millions d'économie. De plus il aurait introduit une
opération de soulte dont le public ne se serait pas bien
rendu compte ; or en matière financière, on ne saurait
procéder d'une façon assez simple surtout lorsqu'il
s'agit d'une conversion qui s'adresse à la masse des
porteurs dont beaucoup n'ont pas eu le loisir d'étudier
les finances.

3º *Amendement de M. Haentjens.* — Art. 1er. « Le
ministre des finances est autorisé à convertir les rentes 5 0/0 en rentes 3 0/0. Tout porteur de 5 fr. de
rentes 5 0/0 recevra 4 fr. 35 de rentes 3 0/0. » Le trésor ferait avec ce système une économie de 45 millions
par an.

4º *Amendement de M. Lefèvre.* « Rechercher quel a
été en moyenne, depuis cinq années, l'écart entre les
prix du 3 0/0 et du 5 0/0 et donner aux porteurs de 5 0/0
en échange de chaque titre de 5 fr. de rente une quantité de 3 0/0 suffisante pour équivaloir à la valeur du 5
contre lequel ce 3 0/0 se trouverait arbitré. Calcul fait,
cela conduirait à accorder 4 fr. 25 de rente 3 0/0, en
échange de chaque coupon de 5 fr. » C'est ce système
que M. Rouvier a développé devant la Chambre. Il consiste à rechercher quel était le rapport moyen entre le
5 0/0 et le 3 0/0 pendant les cinq dernières années et à
voir quelle somme il fallait remettre en 3 0/0 au porteur
de 5 0/0 pour lui donner un capital exactement égal à
celui représenté par son 5 0/0. Voici ce système traduit
en formule. Soit A la moyenne des cours du 3 0/0 durant les cinq dernières années et B la moyenne des cours
du 5 0/0 durant la même période. Nous dirons : un capi-

tal A représente 3 fr. de rente, un capital de 1 fr. représentera $\dfrac{3}{A}$ et un capital B, $\dfrac{3 \times B,}{A}$ c'est-à-dire 4 fr. 25 de rente 3 0/0. Le système de M. Rouvier procurait une économie annuelle de 52 millions, c'est-à-dire 18 millions de plus que le projet de M. le Ministre des finances.

5° *Amendement de M. Allain-Targé*, développé par son auteur devant la commission : « Le Ministre des finances est autorisé à rembourser les rentes 5 0/0 inscrites au Grand-Livre de la dette publique à raison de 100 fr. par 5 fr. de rente ou à les convertir en nouvelles rentes du titre 3 0/0 émis au cours de 75 fr. portant jouissance du 16 août 1883 à raison de 4 fr. 50 de rente jusqu'au 16 août 1889 et de 4 fr. de rente à partir de cette date. » M. Allain-Targé s'est rallié à l'amendement de M. Lockroy qui n'est qu'une modification du sien.

6° *Amendement de M. Lockroy.* — Art. 1er : « Le Ministre des finances est autorisé à rembourser les rentes 5 0/0 inscrites au Grand-Livre de la dette publique à raison de 100 fr. par 5 fr. de rente ou à les convertir en nouvelles du 3 0/0 portant jouissance du 16 août 1883 à raison de 4 fr. 50 de rente jusqu'au 16 août 1893 et de 3 fr. de rente à partir de cette date. Les nouveaux titres 3 0/0 seront dotés pendant dix ans d'un coupon supplémentaire. » Ce système aurait apporté immédiatement une économie annuelle de 68 millions. Le bénéfice aurait été de 72 millions si on eut compris dans la conversion le 4 1/2 0/0.

MM. Rouvier et Allain-Targé sont les orateurs de la Chambre qui ont présenté avec le plus de force les arguments en faveur de la conversion en 3 0/0. C'est à leurs discours que nous nous référons principalement.

Abordons l'examen des inconvénients que nous avons déjà signalés sur la conversion en 3 0/0 et voyons quels sont les arguments qu'on leur oppose.

Premier inconvénient : La conversion en 3 0/0 aliène le bénéfice des conversions futures et successives.

—Si à l'exemple des Anglais et des Américains on convertit successivement le 5 0/0 en 4 1/2, le 4 1/2 0/0 en 4 0/0, le 4 0/0 en 3 1/2 0/0, le 3 1/2 0/0 en 3 0/0, on peut arriver à réaliser un *bénéfice annuel de* 145 *millions* tant sur les arrérages du 5 0/0 que sur ceux du 4 1/2 0/0. C'est à cette économie que l'on renonce dans les divers systèmes que nous avons signalés!!

M. Rouvier sent la force de cette objection contre la conversion en 3 0/0. Il cherche à l'écarter en disant que la conversion était possible depuis sept années, qu'elle était réclamée par l'opinion publique, que les financiers s'y attendaient, et que néanmoins on ne l'a pas faite. Et il ajoute, (je cite les paroles de M. Rouvier afin de ne pas affaiblir ses arguments) : « Eh bien, si la même chose se passe; voici une première période de dix ans pendant laquelle, légalement, vous vous interdisez de faire la conversion, puis une période probable de six ans qui viendra s'ajouter à la première. C'est donc seize ans pendant lesquels vous allez chaque année, payer une somme de 18 millions de plus que dans le système que je présentais tout à l'heure. Dans le système de M. le Ministre des finances vous avez 34 millions d'économies. Dans celui que je défends il y en a 52; c'est 18 millions de plus que vous payerez chaque année pendant dix ans. C'est donc un total de 180 millions que je vous propose d'économiser. La somme en vaut la peine. Et si, comme j'essayais de le montrer tout à l'heure, il s'écoule un délai de seize ans avant qu'on procède à une nouvelle conversion, ce n'est plus seulement 180 millions mais bien 288 millions que vous aurez déboursés pour assurer le bénéfice des conversions successives et futures. C'est une belle prime d'assurance que 288 millions! » Écartons d'abord l'argument qui consiste à dire qu'après les dix années durant lesquelles l'État s'impose l'obligation de ne pas convertir, six autres années s'écouleront encore sans qu'il y ait une nouvelle conversion, car c'est là une pure hypothèse. Il est vrai que de 1876 à 1883 on est resté sept ans sans convertir lorsqu'on pouvait et qu'on devait le faire, mais qu'est-ce que cela prouve? Qu'on a commis une faute! Pourquoi en tirer la conclusion que nous y retomberons? A quoi serviraient donc les leçons de l'histoire, si ce n'est à éviter les errements dans lesquels sont tombés nos devanciers? Si nous admettons (et c'est là la supposition raisonnable, car elle implique que le gouvernement fera son devoir à l'expiration des dix années), si nous admettons qu'aussitôt le délai de dix années expiré on procédera à une autre conversion, nous verrons que le projet de M. Rouvier n'apportera qu'une économie relative de 180 millions, restreinte à une période de dix années. Prenons une période plus étendue, vingt ans par exemple, et examinons si le projet de M. Rouvier aura l'avantage sur celui du gouvernement amendé par la commission (voir ci-après la loi du 27 avril 1883). Dans le système de M. Rouvier on réalisera durant vingt années une économie annuelle de 52 millions, soit au total 1 milliard 40 millions. Dans le système de la commission on économisera pendant les dix premières années 340 millions et si après ces dix années on convertit le 4 1/2 en 4 0/0, on réalisera dans la deuxième période de dix années 720 millions d'économies; soit au total pour vingt ans 1 milliard 60 millions. On voit donc que pour une période de vingt années, le projet de M. Rouvier n'est pas plus avantageux que celui de la commission: il le serait moins si au lieu de convertir seulement en 4 0/0, on pouvait durant la deuxième période de dix années convertir en 3 3/4 ou en 3 1/2 0/0. Et là où la supériorité du projet de la commission se révèle, c'est lorsqu'on prend des périodes plus étendues. Alors, comme nous l'avons dit plus haut, l'économie annuelle pourrait aller jusqu'à 145 millions, tandis qu'avec le projet de M. Lefèvre ou Rouvier elle ne serait jamais que de 52 millions.

Ce premier inconvénient de la conversion en 3 0/0, l'aliénation des conversions successives, suffirait amplement à faire rejeter les amendements qui n'apporteraient qu'une économie semblable à celle résultant du système de M. Rouvier (amendement Marion), et à plus forte raison ceux qui seraient moins avantageux pour les finances de l'État (amendements Haentjens, Germain).

Deuxième inconvénient : La conversion en 3 0/0 augmente le capital nominal de la dette publique de trois milliards (le chiffre varie avec les systèmes de conversion en 3 0/0). — M. Rouvier est, de tous les orateurs partisans de la conversion en 3 0/0, celui qui s'est le mieux défendu contre cette critique. Nous ne saurions mieux faire que de le citer : « On nous dit : vous augmentez le capital nominal de la dette publique de deux, de trois milliards. J'avoue que je ne sais pas ce que cela veut dire. Dans les traités de statistique, dans les ouvrages d'économie politique, on trouve ce mot de capital nominal de la dette publique ; mais ce mot me paraît vide de sens. Est-ce que, comme en Turquie, en Egypte, en Tunisie, votre dette revêt la forme d'obligations qui doivent être remboursées à 500 fr. ? Pas le moins du monde ! vous avez simplement contracté, vis-à-vis de vos prêteurs, un engagement consistant à leur donner une somme de 3 fr. de rente par an. Quand la situation de votre budget le permet, quand vous avez des disponibilités budgétaires réelles, quand vous avez des excédents et que vous croyez avoir intérêt à amoindrir le poids de cette rente, qu'est-ce que vous faites ? Vous rachetez cette rente à la Bourse au cours du jour ; si bien que le capital nominal de la dette publique, si tant est qu'il existe, n'est pas un capital représenté par le pair, mais par un chiffre perpétuellement variable, qui change tous les jours suivant les oscillations mêmes de la Bourse. Si vous vouliez rembourser aujourd'hui votre dette, qu'auriez-vous à faire ? Vous auriez à payer aux porteurs autant de fois 79 fr. que vous voudriez éteindre de fois 3 fr. de rente.

Il est très vrai que l'unification de la dette en 3 0/0 doit avoir pour effet d'imprimer à ce titre, devenu unique, un essor vers la hausse, dans quelques années, si vous ne faites pas de nouveaux emprunts et que vous vouliez amortir, vous serez obligés de payer plus cher pour vous libérer de 3 fr. de rente. Je n'entends pas le contester et j'avoue que, s'il était possible de croire que dans deux, trois ou cinq ans, dans un délai plus ou moins rapproché, le 3 0/0 arrivera au pair, alors seulement il serait vrai de dire que nous aurions augmenté le capital nominal de la dette publique.

Mais, messieurs, à l'inverse de ceux qui voient là une éventualité fâcheuse, dangereuse, menaçante, je n'hésite pas, pour ma part, à déclarer qu'il ne pourrait pas se produire de fait plus heureux pour notre pays. Quoi! vous auriez votre fonds 3 0/0 au pair, vous, État, plus souvent destiné à emprunter qu'à rembourser, et vaus vous en plaindriez? Est-ce que les fonds d'État se meuvent seuls au milieu de l'indifférence des autres fonds? Ont-ils un mouvement propre, ou sont-ils, au contraire, les régulateurs du grand marché des valeurs publiques? Et si le 3 0/0 s'était élevé à 100 fr., à quel prix seraient donc arrivées les actions de chemins de fer, les obligations et les innombrables valeurs qui constituent la fortune fiduciaire de la France? Vous devriez trois milliards de plus? Qu'importe? la fortune publique se serait accrue de plusieurs centaines de milliards! Il n'y a donc pas à hésiter, il n'y a pas à tenir compte de cette crainte; elle est purement chimérique. »

Les arguments de M. Rouvier sont subtils, on ne saurait les examiner de trop près. Disons d'abord que l'honorable député des Bouches-du-Rhône a parfaitement raison lorsqu'il nous dit que dans le cas où on voudrait amortir immédiatement c'est au cours de la Bourse qu'on le ferait, car le 3 0/0 étant au-dessous du pair, l'Etat a bien plus d'intérêt à acheter des rentes 3 0/0 à la Bourse au cours de 80 fr. qu'à les rembourser à 100 fr. Mais il n'en est plus de même si la rente à amortir est au-dessus du pair; dans ce cas l'intérêt de l'État lui commande de ne plus opérer l'amortissement par voie de rachat à la Bourse : il se libère alors au pair. Si donc on avait converti suivant le mode indiqué par M. Rouvier, et que le lendemain de cette conversion on eut voulu amortir, il aurait fallu rembourser 115 fr. par 4 fr. 25 de rente 3 0/0, tandis que pour 5 fr. de rente 5 0/0 il n'eut fallu donner que 100 fr. Le système de M. Rouvier, dans le cas où on eut voulu amortir aussitôt après la conversion opéréé, eut donc augmenté la somme à rembourser dans la proportion de 15 0/0, c'est-à-dire de plus d'un milliard. Et si, comme M. Rouvier l'espère, et comme cela est désirable, le 3 0/0 atteint le pair, alors le chiffre de la dette publique sera-t-il augmenté? C'est ici que le *distinguo* a son importance, car c'est sur lui que repose la réfutation des systèmes de conversion en 3 0/0. On ne l'aura pas augmenté au point de vue relatif, — on l'aura augmenté au point de vue absolu.

On ne l'aura pas augmenté au point de vue *relatif*, car comme le dit fort bien M. Rouvier, le 3 0/0 ne se meut pas seul au milieu de l'indifférence de tous les fonds et il y a une liaison intime entre la hausse d'un fonds et l'accroissement de la richesse immobilière ou mobilière d'un pays et alors la France ayant une dette plus élevée mais étant plus riche ne devra pas proportionnellement davantage.

Mais au point de vue *absolu*, on aura augmenté ce capital de la dette publique, et c'est ici que nous triomphons; c'est-à-dire que lorsque le 3 0/0 aura atteint le pair, on devra rembourser 3 milliards de plus qu'on n'aurait dû faire si on eut converti successivement en 4 1/2 0/0, puis en 4 0/0, puis en 3 1/2 0/0, etc. Si on adopte le système du gouvernement, lorsque le 3 0/0 aura atteint le pair il en résultera que par le mode de conversion adopté on se trouvera devoir 3 milliards de moins que si on eut choisi un des systèmes de conversion en 3 0/0. En d'autres termes, on aura sans bourse délier, *par le choix seul du mode de conversion, amorti 3 milliards!* En effet, la fortune publique ayant augmenté et la dette étant restée stationnaire, la France se trouvera proportionnellement à sa fortune devoir moins. Le projet du gouvernement a donc sur ceux que nous réfutons l'avantage de contenir un amortissement latent de 3 milliards, amortissement qui sera réalisé le jour où le 3 0/0 aura atteint le pair.

Donnons un exemple de crainte qu'on ne saisisse notre raisonnement. Supposons qu'un particulier ait un revenu annuel de dix mille francs et qu'il ait une dette annuelle aussi de cinq mille. Si sa dette et son revenu doublent à la fois et sont portés l'un à 20,000 l'autre à 10,000, sa situation sera proportionnellement la même qu'autrefois (nous supposons de plus que les denrées ont doublé de valeur). Mais si son revenu seul arrive à 20,000 et que sa dette reste stationnaire à 5,000, sa situation se sera améliorée évidemment.

Concluons donc que le projet de M. Rouvier, celui de M. Allain-Targé, celui de M. Haentjens, etc., nous enlèvent l'amortissement qui résultera de la dépréciation croissante des capitaux. La question se transforme dès lors et se résume en celle-ci. Doit-on oui ou non amortir? Si oui, les amendements tendant à convertir le 5 0/0 en 3 0/0 qui empêchent un amortissement de 3 milliards, doivent être condamnés. La France doit amortir pour deux raisons d'inégale importance. La première est une raison d'ordre moral, une raison de sentiment : il ne faut pas qu'une génération se décharge sans mesure sur les générations futures du poids de ses fautes et de ses dettes, il ne faut pas qu'elle leur transmette une situation moins bonne que celle qu'elle a reçue des générations qui l'ont précédée. Que dirait-on d'un père de famille qui gaspillerait la fortune qu'il a reçue de ses ancêtres sans souci de la situation précaire des enfants qu'il laissera après lui? La deuxième raison, plus pratique est une raison politique : C'est qu'un État aux moments de crise emprunte d'autant plus facilement que sa dette est moindre. Que l'on ne se méprenne pas sur le sens de nos paroles. Nous ne voulons certes pas dire que de deux États dont la dette est inégale celui-là trouvera plus de prêteurs qui a une dette plus faible. Non, car celui qui a une dette légère est peut-être un Etat sans ressources, tandis que celui qui a une dette élevée est un État riche et prospère. Ce que nous voulons dire, c'est qu'un État, comparativement à lui-même, peut d'autant plus facilement faire appel au crédit dans les moments critiques que sa dette est moins importante. Supposons la France débarrassée aujourd'hui de sa dette de 20 milliards. Quel crédit immense n'aurait-elle pas? Si une guerre éclatait, tous les capitaux afflueraient à l'envi à son appel et l'argent, ce nerf de la guerre, assurerait une des conditions du succès. Certes la guerre, ce droit de force, ce fléau de l'humanité, est un reste de barbarie que les philosophes ont grandement raison de flétrir, mais avec lequel néanmoins les politiciens doivent compter; c'est un mal qui doit entrer dans nos prévisions. Nous avons à nos portes une nation jalouse, à l'étroit, sur un sol infertile, qui sera toujours tentée par la fécondité de notre pays et par la richesse de ceux qui l'habitent. Préparons-nous à la lutte, si nous ne voulons pas devenir un jour la proie de nos voisins, et dans ce but améliorons l'état de nos finances en n'augmentant pas le chiffre de notre dette; pour un avantage présent, ne sacrifions pas l'avenir de la Patrie. Quelle a été la cause du triomphe des États du Nord dans leur lutte contre les esclavagistes ? c'est qu'au début de la guerre de la sécession leur dette ne s'élevait à peine qu'à un demi-milliard.

M. Thiers avait compris ce qu'il y a de patriotique à amortir la dette de la France, aussi, par une énergie à laquelle nous rendons hommage, il obtint de l'Assemblée de 1871 l'inscription, annuelle au budget ordinaire de 200 millions destinés à l'amortissement. La dette flottante comprenait 1,200 millions dûs à la Banque de France et 984 millions du second compte de liquidation ; au lieu de consolider ces sommes, on les remboursa au moyen des 200 millions annuels. Le fonds d'amortissement a été ensuite porté à 150 millions. Il est actuellement de 130 millions et au budget sur 1884, il n'y aura que 100 millions.

La conclusion de ce qui précède c'est qu'un peuple, qui par sa situation peut avoir à craindre un jour ou l'autre une guerre, doit pratiquer l'amortissement, et par conséquent la France ne doit pas adopter un des systèmes de conversion en 3 0/0 qui lui enlèvent le bénéfice de l'amortissement insensible résultant de l'avilissement croissant des capitaux.

Après ce qui précède, nous osons espérer qu'on jugera combien sont peu sérieuses ces paroles de M. Allain-Targé : « Je ne demande au gouvernement que le sacrifice d'une théorie, celle de l'augmentation du capital nominal de la dette. Or nous n'en sommes pas à une théorie près qui peut être vraie pour des économistes, mais qui, pour des hommes politiques, peut être très contestée et très amendée dans la pratique. » Il ajoutait dans une interruption : « L'augmentation du capital, c'est pour la société des économistes, ce n'est pour la Chambre. »

Après avoir examiné quels étaient les inconvénients de la conversion en 3 0/0, voyons quels en sont les avantages. Les partisans de la conversion en 3 0/0 vantent l'unification de la dette qui d'après eux doit produire une *élévation des cours du 3 0/0.* L'élévation des cours, c'est-à-dire l'avilissement des capitaux, est certes une chose très désirable ; d'abord parce que si l'Etat em-

prunte à l'avenir il le fera à un taux d'autant plus
avantageux que l'intérêt de l'argent sera plus faible ;
en second lieu parce que les rentes ne se meuvent pas
seules et que leur hausse sera accompagnée de celle des
autres titres, ce qui procurera à l'agriculture, au commerce, à l'industrie l'avantage d'avoir des capitaux à
bon marché, point économique qui est d'intérêt essen-
tiel dans la lutte mercantile des produits nationaux
contre la concurrence étrangère. L'élévation des cours
de la rente est désirable à ce double point de vue ; mais
se produira-t-elle par l'unification de la dette comme
l'espèrent les partisans de la conversion du 3 0/0 ? Cela
est au moins douteux.

Ébauchons une réfutation de cette doctrine. On nous
présente l'unification de la dette comme une panacée
qui doit par une vertu *sui generis* amener la hausse de
la rente. Nous ne comprenons pas pourquoi elle se
produirait. En effet la hausse d'un titre résulte du
crédit d'un pays, qui lui-même dépend d'un ensemble
très multiple de circonstance économiques, de la sécurité du pays, de l'activité de son commerce, du développement de son industrie, de la prospérité de son agriculture, de la multiplicité des moyens de transport, etc.,
etc. ; la hausse dépend, disons-nous, de cet ensemble de
facteurs économiques, et non d'un fait purement abstrait,
l'unification de la dette. Les preuves viennent du reste
en foule à l'appui de nos arguments. Dans un pays
voisin, l'Espagne, il n'y a qu'un 3 0/0 unique et malgré
cette unificacion, il y a eu baisse presque constante des
cours, baisse qui a abouti à une banqueroute. Si l'unification amenait fatalement la hausse cela se serait-il
produit ?

Si nous avons cherché à démontrer que l'unification
seule ne suffisait pas à faire monter les cours, c'est que
cette vérité élémentaire nous paraît avoir été contestée.
M. Rouvier disait en effet le 23 avril à la Chambre : « Il
est certain qu'au lendemain de l'unification de la dette,

la rente aurait subi un mouvement ascensionnel et que les créanciers de l'État, mécontents de voir leur revenu atteint, se seraient consolés à l'aide de la compensation qu'ils auraient trouvée dans l'augmentation de leur capital. »

D'autres partisans de l'unification se sont contentés de dire qu'il y avait liaison intime entre les cours des fonds d'un État, *rapport nécessaire* (l'expression est de M. Naquet) entre eux. S'ils veulent dire par là (mais ce n'est pas assurément leur pensée, car des vérités aussi naïves ne s'expriment pas), s'ils veulent dire par là que lorsqu'un des types de rentes d'État monte ou descend par suite des circonstances politiques, économiques, financières, les autres le suivent généralement dans son mouvement ascensionnel ou décroissant, ils ont raison : qu'il y ait une guerre, tous les titres de rentes d'un État baisseront à la fois. S'ils entendent au contraire par rapport nécessaire une liaison étroite et fatale des divers fonds d'un pays, telle que l'essor de l'un d'eux doive nécessairement entraîner l'essor correspondant et *proportionnel* de l'autre ils se trompent étrangement. Il n'y a pas fatalement solidarité entre les titres divers d'un Etat et il peut se faire qu'un fonds monte seul ou descende seul et alors il n'est pas vrai de dire, comme l'a fait M. Rouvier, que l'existence des différents types de 5, de 4 1/2, de 4 0/0, empêchait la rente 3 0/0 de s'élever. Si en effet on dit franchement aux porteurs qu'à l'avenir la politique du gouvernement sera de convertir, ils sauront faire la différence entre les divers fonds du pays. Ils rompront toute solidarité entre eux, et l'état stationnaire du fonds menacé de conversion n'entravera nullement l'essor de celui qui est au-dessous du pair. N'est-ce pas ce qui s'est passé en France où le 3 0/0 était avant la conversion à 80 et le 5 0/0 à 113? N'est-ce pas ce qui s'est passé en Belgique? le 3 0/0 est monté naguère à 83 dans ce pays, à côté de cela le 4 1/2 0/0 restait stationnaire à 105 et 106; à la même époque

3

le 3 0/0 français n'était qu'à 80 et le 4 1/2 se trouvait à 110. Pourquoi cette différence entre les deux pays? Parce qu'en Belgique le 4 1/2 0/0 était placé sous la menace d'une conversion prochaine et ne pouvait dès lors s'élever davantage, ce qui n'empêchait pas le 3 0/0 de monter à 83, car comme nous l'avons dit, le public avait compris qu'il n'y avait nulle solidarité à établir entre ces deux fonds de l'État belge. C'est bien là une réfutation par les faits de l'argument de M. Rouvier et de M. Allain-Targé qui consiste à dire que le multiplicite des types de rentes est un empêchement à la hausse des cours et que le titre au-dessus du pair réagit nécessairement sur celui qui est au-dessous et l'empêche de monter.

Veut-on un autre exemple? Le voici : en 1852, lors de la conversion faite par M. Bineau, le 4 1/2 0/0 quoiqu'il fût garanti pendant dix années contre toute conversion n'a atteint que le cours maxima de 110, 112 tandis que le 3 0/0 était à 86 fr. On voit donc que l'inertie d'un fonds n'empêche pas l'essor de l'autre.

En 1825, lors de la conversion de M. de Villèle, l'avantage de la progression des cours fut aussi présenté aux porteurs. Il le fut aussi en 1862 par M. Fould. Les faits vinrent démentir leurs prévisions; de là fureur des rentiers qui accusaient le gouvernement de les avoir trompés.

Allons plus loin. En supposant que la conversion en 3 0/0 ait lieu, l'unification de la dette ne serait pas encore faite. Et, s'il est vrai que la pluralité des types empêche l'ascension de la rente d'un Etat, le 3 0/0 amortissable serait là encore pour entraver dans sa marche ascendante le 3 p. 100 perpétuel.

Il n'est pas mauvais selon nous que l'État ait plusieurs types de rentes; pas trop cependant, car cela engendrerait la complication et l'obscurité. Il y en a ainsi pour tous les goûts; ceux qui aiment la sécurité dans le placement prendront le titre au-dessous du pair qui rapporte

moins, mais qui est à l'abri du remboursement ; ceux
au contraire qui ont le besoin ou le désir de faire rap-
porter davantage à leurs capitaux opteront pour le titre
au-dessus du pair qui risque d'être converti mais dont
l'intérêt est plus élevé. En multipliant les types de *ses
engagements* l'Etat fait ce que font les marchands qui
varient la forme de leurs produits afin de les adapter
aux besoins et aux caprices divers des acheteurs.

Ce qui précède aura démontré, pensons-nous, les inconvénients graves de la conversion en 3 0/0 et servira
de réfutation à tous les projets de conversion en 3 0/0
y compris celui de M. Lockroy-Allain Targé qui est
de tous le moins désavantageux pour l'Etat. Il nous
reste, avant d'aborder l'examen de la loi, qui n'est autre
que le projet du gouvernement amendé par la commission, à parler de l'amendement de M. Sourigues.
Voici les art. 1 et 2 qui reproduisent la physionomie de
ce projet :

« Art. 1er. — A dater de la promulgation de la présente
loi, le ministre des finances quand il le jugera opportun,
mais avant le délai de six semaines, procédera à la
conversion des rentes 4 1/2 0/0 et 5 0/0 en réduisant
de 25 centimes le revenu de la première et de 75 centimes celui de la seconde, en donnant en échange de
tout titre de rente ainsi réduit un titre de rente de 4 1/4
0/0 créé à cet effet.

« Les porteurs de rentes à convertir seront censés
accepter les conditions de la conversion proposée si,
avant le délai indiqué pour la clôture de l'opération par
un arrêté ministériel inséré au *Journal officiel*, ils
n'ont pas adressé au ministre des finances une décla-
ration contraire, dans la forme qui sera indiquée dans
ledit arrêté.

« Art. 2. — Sur tout titre de rente dont le porteur
aura refusé d'adhérer en temps utile aux conditions
de la conversion proposée, l'intérêt primitivement sti-
pulé sera payé sans réduction jusqu'au jour où il plaira

au ministre de rembourser ce titre au pair, soit tout
en une fois, soit par parties ; mais, en aucun cas, le
porteur dudit titre ne pourra plus être admis à jouir
des avantages accordés aux rentiers qui auront accepté
les conditions proposées.

« Le ministre des finances, au cas où il voudrait ne
rembourser que par parties les titres de rentes non
converties, déterminera par un simple arrêté publié dans
le *Journal officiel,* au moment qu'il lui plaira de choi-
sir et pour chacun des remboursements à effectuer, le
mode et la date dudit remboursement. »

Le contre-projet de M. Sourigues ne mérite qu'une
seule critique. C'est que, pour nous, la quotité de la réduction est actuellement trop forte. En temps ordinaire
lorsqu'on fait une conversion, il faut la faire assez énergique pour ramener le taux de l'intérêt payé par l'Etat
au taux du marché. La conversion que propose M. Sourigues est une application de ce principe. Mais il y a
dans l'espèce deux raisons pour y déroger : 1° C'est que
l'état du marché n'est pas très prospère ; il l'est suffisamment pour une réduction de 50 centimes sur la
rente 5 0/0, il ne l'est pas, croyons-nous, pour une
réduction de 75. 2° Il y a des ménagements à garder
vis-à-vis des porteurs, car leur situation a été faussée
par la faute des divers gouvernements qui se sont
succédé depuis sept années, par les paroles de M. Gambetta qui a fait croire aux porteurs qu'ils ne seraient
pas lésés par la conversion (discours de Romans), par
M. Léon Say qui, lorsqu'on lui demandait comment se
ferait la conversion du 5 0/0, répondait en février 1879 :
« Quant à la conversion, je ne puis pas avoir une
opinion sur la forme avant d'en avoir une sur le fond,
c'est-à-dire sur l'opportunité même de l'opération. Je
me garderais bien d'avoir une opinion sur ce sujet. »

M. Léon Say a endossé là vis-à-vis du pays une bien
lourde responsabilité. Quoi, en 1879 où la conversion
était possible depuis trois années, où les rentiers s'y

attendaient, où la prospérité publique permettait de la faire et où l'intérêt des contribuables exigeait la réalisation de cette mesure, M. Léon Say ministre des finances d'alors n'avait pas d'opinion sur la conversion ? Quelle coupable imprévoyance !

Sur les assertions de M. Léon Say, bon nombre de personnes se portèrent sur le 5 0/0 et l'on vit cette valeur s'élever aux cours fantastiques que l'on sait. Si au contraire les porteurs eussent été tenus sous la menace constante d'une conversion, cette opération se serait faite naturellement par l'inertie ou l'abaissement du 5 0/0 et le jour où on l'aurait exécutée, elle n'aurait pas eu même l'apparence d'une mesure dommageable. C'est la politique financière suivie par M. Léon Say qui a été cause des embarras du gouvernement actuel et qui a empêché de réaliser une conversion plus avantageuse pour les contribuables. Pour les deux raisons que nous venons d'exprimer, l'état du marché et la politique anti-conversionniste des précédents cabinets, il nous paraît difficile d'opérer une conversion dont les effets *immédiats* soient plus durs pour les porteurs que ceux résultant de la loi actuelle.

Nous arrivons donc au projet du gouvernement amendé par la commission.

Il est devenu la loi du 27 avril 1881 dont voici le texte :

Art. 1er. — Le ministre des finances est autorisé à rembourser les rentes 5 0/0 inscrites au Grand-Livre de la dette publique, à raison de 100 fr. par 5 fr. de rente, ou à les convertir en nouvelles rentes 4 1/2 0/0 portant jouissance du 16 août 1883, à raison de 4 fr. 50 de rente pour 5 fr. de rente.

Art. 2. — L'exercice du droit de remboursement de l'État est suspendu pour les nouvelles rentes 4 1/2 0/0 pendant un délai de dix années à courir du 16 août 1883.

Art. 3. — Le nouveau fonds 4 1/2 0/0 est divisé en séries. Les arrérages du nouveau fonds 4 1/2 0/0 sont payables par trimestre et le minimum de rente inscriptible est fixé pour le dit fonds à 2 fr.

Tous les privilèges et immunités attachés aux rentes sur l'Etat sont assurés aux rentes du nouveau fonds 4 1/2 0/0.

Ces rentes sont insaisissables, conformément aux dispositions des lois des 8 nivôse an VI et 22 floréal an VII, et peuvent être affectées aux remplois et placements spécifiés par l'article 29 de la loi du 16 septembre 1871.

Art. 4. — Tout propriétaire de rente 5 0/0, qui, dans un délai de dix jours à courir de l'époque qui sera fixée par décret du Président de la République, n'aura pas demandé le remboursement, sera considéré comme ayant accepté la conversion.

Art. 5. — Les remboursements demandés pourront être opérés par séries et les rentes non converties continueront à porter intérêt à 5 0/0 jusqu'au jour de leur remboursement effectif.

Art. 6. — Les rentes converties jouiront des intérêts à 5 0/0 jusqu'au 16 août 1883.

Art. 7. — En ce qui concerne les propriétaires de rentes qui n'ont pas la libre et complète administration de leurs biens, l'acceptation de la conversion sera assimilée à un acte de simple administration, et sera dispensée d'autorisation spéciale et de toute autre formalité judiciaire.

Les tuteurs, curateurs et administrateurs pourront, nonobstant toute disposition contraire, et notamment par dérogation à l'art. 5 de la loi du 27 février 1880, recevoir et aliéner ultérieurement sans autorisation les promesses de rente au porteur représentatives des fractions de franc non inscriptibles résultant de la conversion des rentes appartenant aux incapables qu'ils représentent.

Art. 8. — Pour les rentes grevées d'usufruit, la demande de remboursement devra être faite par le nu-propriétaire et l'usufruitier conjointement. Si elle est faite par l'un d'eux seulement, le Trésor sera valablement libéré en déposant à la Caisse des dépôts et consignations le capital de la rente.

Si ce dépôt résulte du fait de l'usufruitier, celui-ci n'aura droit, jusqu'à l'emploi, qu'aux intérêts que la Caisse est dans l'usage de servir. S'il résulte du fait du nu-propriétaire, ce dernier sera tenu de bonifier à l'usufruitier la différence entre le taux des intérêts payés et celui de 4 1/2 0/0. Toutefois, il n'est porté aucune atteinte aux stipulations particulières qui règlent les droits du nu-propriétaire et de l'usufruitier.

Art. 9. — Le ministre des finances est autorisé à pourvoir aux demandes de remboursement qui seront faites, au moyen de l'émission, au mieux des intérêts du Trésor, de rentes 4 1/2 0/0 nouvelles, jusqu'à concurrence de la somme de rente nécessaire pour produire le capital correspondant auxdites demandes.

Art. 10. — Il pourra être provisoirement pourvu aux remboursements demandés, ainsi qu'aux frais de toute nature des opérations autorisées par la présente loi, au moyen de l'émission de bons du Trésor à l'échéance de cinq années au plus, ou d'une avance de la Banque de France.

Art. 11. — Les conditions dans lesquelles s'effectueront le remboursement et la conversion des rentes 5 0/0, la délivrance aux ayants-droit de promesses de rente au porteur, pour les fractions de rente non inscriptibles, la division en séries des rentes 4 1/2 0/0 nouvelles et leur émission, seront déterminées par décrets du Président de la République.

Art. 12. — Tous titres ou expéditions à produire pour le remboursement ou la conversion des rentes 5 0/0, pourvu que cette destination y soit exprimée, et en tant qu'ils serviront uniquement aux opérations nécessitées par la présente loi, seront visés pour timbre et enregistrés gratis.

Art. 13. — Le ministre des finances rendra compte

des opérations autorisées par la présente loi, au moyen d'un rapport adressé au Président de la République et distribué au Sénat et à la Chambre des députés.

Nous ne saurions, avant de dire quelques mots sur la loi elle-même, taire notre façon de voir sur l'attitude du cabinet dans la question de la conversion. Le cabinet a eu tort de garder le silence sur ses intentions! Pourquoi tenir secrètes des choses qu'il est si difficile de cacher, qui peuvent être devinées ou dévoilées par un personnel dont il est impossible d'être complètement sûr.

Dès la fin du mois de février on a annoncé dans les journaux que la conversion allait être faite. Des journaux qui avaient pour rédacteurs des députés l'ont affirmé catégoriquement, disant qu'ils donnaient ce renseignement à *bon escient*. Ils sont allés jusqu'à dire qu'elle aurait lieu en 4 1/2 0/0. En sens inverse, M. Dugué de la Fauconnerie a rapporté une conversation qu'il avait eue avec M. Tirard aux termes de laquelle la conversion ne devait pas avoir lieu. Nous savons bien que M. le ministre a protesté en disant qu'il n'avait donné à personne le droit de parler en son nom. Mais où est la vérité? Nous voulons bien croire qu'elle est du côté de M. Tirard. Quoi qu'il en soit la dignité du cabinet en est amoindrie : la femme de César a été soupçonnée! Cela ne serait pas arrivé si, au lieu de garder le silence, le cabinet avait dit hautement, par tous les moyens de publicité en son pouvoir, qu'il désirait faire la conversion et quelles étaient les bases de son projet. C'est une de ces questions sur lesquelles un ministère doit être d'accord dès le jour de sa formation. On eut évité par là les accusations de M. de Cassagnac, à la Chambre, et de M. Oscar de Vallée, au Sénat. Nous ne sommes plus au temps de la politique des ténèbres. Une politique républicaine ne doit pas être une politique de cachoteries. Tout doit se faire au grand jour; un ministère, lorsqu'il s'agit d'affaires intérieures, doit dire franchement et publiquement ses intentions. Il n'y a pas dès lors de surprises et de mécontentements. En annonçant longtemps à l'avance la conversion, on la rend d'autant facile. Plus de spéculations possibles où les uns se ruinent et les autres s'enrichissent immoralement. Lorsqu'elle a lieu, les porteurs ne peuvent plus se plaindre d'avoir été surpris. Etant prévenus, s'ils ne voulaient pas voir leurs titres convertis, ils n'avaient qu'à les vendre. Le reproche que nous adressons au ministère est donc de ne pas avoir fait connaître dès sa formation quelle serait sa politique financière. Nous lui reprochons de ne pas avoir imité sur ce point la conduite des cabinets d'Outre-Manche.

Nous avons vu que le projet de la commission était supérieur aux projets de conversion en 3 0/0. Il est, de plus, mieux approprié à l'état du marché que celui de M. Sourigues, car il tient compte de la situation fâcheuse faite aux acheteurs par la politique anti-conversionniste des gouvernements qui se sont succédé depuis 1875 jusqu'à ce jour. Mais si le projet de la commission est supérieur à tous les autres, il est inférieur à celui du gouvernement. Il n'en diffère qu'en ce que le délai durant lequel l'État s'impose l'obligation de ne pas convertir est de cinq ans dans le projet du gouvernement, et de dix années dans celui de la commission.

Nous allons donner les raisons par lesquelles M. Naquet, le rapporteur de la commission, justifie le délai de dix années et repousse celui de cinq : « Nous nous sommes dit que si nous ne demandions que cinq années de garantie les capitalistes feraient un calcul qui certainement serait faux ; — car, de ce qu'on s'engage à ne pas convertir avant cinq ou dix, il ne s'ensuit pas le moins du monde que ces délais écoulés on convertira nécessairement, mais seulement qu'on pourra le faire si les conditions le permettent ; — mais enfin il n'est pas possible de ne pas tenir compte des effets moraux, surtout quand il s'agit d'une question de baisse ou de hausse à la Bourse et voici l'effet qui se serait produit ; du moins nous l'avons craint : le porteur de rente se serait imaginé que la conversion était dès à présent décidée pour le jour où expirerait le délai de cinq ans. Si cette idée, qui paraissait conforme à l'état des esprits, à en juger d'après les cours de la Bourse pendant ces derniers temps, si cette idée, dis-je, s'était réellement répandue dans le public, les rentiers auraient raisonné ainsi : « Ce titre qu'on nous donne n'est pas du 4 1/2 : c'est du 4 0/0, avec une annuité de 50 centimes pendant cinq ans, c'est-à-dire 2 fr. 50 en plus.

« Et en ajoutant ces 2 fr. 50 au cours du 4 0/0 on aurait obtenu un cours du 4 1/2, qui n'aurait plus dépassé 105 ou 106 fr. C'eût été là un cours trop bas. Or, comme il existe un rapport nécessaire entre le 4 1/2 0/0 et le 3 0/0 qui est au-dessous du pair, comme ces deux titres s'entraînent mutuellement, l'entrave que vous auriez ainsi mise à l'essor du 4 1/2 0/0 aurait réagi sur le 3 0/0, qui serait resté trop peu élevé. Alors, le jour où l'Etat serait venu demander des fonds au public sous la forme d'une émission d'amortissable, il aurait éprouvé lui-même le préjudice qu'il aurait imposé aux porteurs de rente.

« Si, au contraire, on admet le délai de dix ans, — il faut bien le reconnaître, dix ans c'est l'*éternité* pour les gens de finance, — on ne dira plus rien, le 4 1/2 0/0 sera considéré comme du 4 1/2 et non comme du 4 0/0 et vous verrez les cours se relever rapidement, de 110 à 114, 115 fr. »

Ces paroles suscitent diverses critiques.

Premièrement faisons remarquer, comme M. Naquet, que le calcul par lui attribué aux porteurs serait faux, car de ce qu'on s'engage à rester cinq ans sans convertir, cela ne veut nullement dire qu'on convertira nécessairement après ce délai. Bien plus, le public sait par expérience combien les gouvernements sont pusillamines et combien ils reculent devant les mesures qui leur paraissent contraires à des intérêts électoraux; Il sait que si la conversion a été proposée, c'est qu'il y y avait un déficit au budget de 1883, qu'il fallait le remplir et que n'ayant pas osé recourir à l'emprunt, on s'est retourné vers la conversion (elle ne suffira pas du reste à combler le déficit). Il sait encore que sans ce déficit on aurait continué la politique d'atermoiements des cabinets antérieurs, politique si préjudiciable aux intérêts des contribuables. Comment le public pourra-t-il jamais croire que c'est avec une conviction dégagée de la préoccupation des nécessités du moment, que les membres du cabinet actuel ont adopté une politique conversionniste après avoir fait partie de cabinets anti-conversionnistes? Donc il n'est pas bien sûr que les porteurs se fussent tenus le calcul qu'on leur prête. Quoi qu'il en soit il eut été désirable que les porteurs eussent raisonné comme les fait raisonner M. Naquet, cela eut prouvé qu'ils ont ajouté foi aux paroles de M. le Ministre des finances, paroles favorables aux conversions successives; cela eut prouvé qu'ils sont déjà pré-parés à une future conversion.

Nous ferons observer en second lieu que l'espoir de M. Naquet de voir les cours du 4 1/2 monter à 114, 115 fr. serait basé sur une erreur des porteurs et qu'il est peu équitable d'escompter l'erreur d'autrui. Il ne faut pas que les porteurs de 4 1/2 puissent espérer être à l'abri de toute conversion durant l'*éternité*. De deux choses l'une, ou M. Naquet ne désire pas qu'on convertisse après le délai de dix années ou il le désire; s'il ne le désire pas, il est inconséquent avec lui-même vu qu'il préconise aujourd'hui la conversion et s'il le désire, pourquoi entretenir chez les porteurs un espoir qu'il compte ne pas voir se réaliser? C'est l'espoir contraire qu'il faut entretenir : il faut tenir les porteurs sous la menace constante d'une prochaine conversion, vu qu'on désire l'accomplir aussitôt le délai de dix années écoulé, si l'état économique ou financier du pays le permet; c'est cette politique qui est la seule sage, rationnelle, soucieuse

à la fois de l'intérêt des contribuables et de celui des porteurs. On ne doit pas léser les premiers en ajournant aux
calendes une nouvelle conversion, ni léser les seconds
comme on l'a fait ces dernières années en les poussant
à acquérir ou à conserver du 4 1/2 0/0 aux cours in-
sensés de 114 ou 115 fr. et cela en leur laissant croire
qu'ils en ont pour l'*éternité* avant d'être convertis.

En *troisième* lieu, avouons que nous ne comprenons
pas pourquoi M. Naquet trouve les cours de 105 ou de
106 fr. des cours trop bas pour le 4 1/2 0/0. L'Etat
doit 100 fr. aux porteurs de 5 0/0 et nous ne saisis-
sons pas pourquoi c'est leur donner trop peu que leur
donner 106 fr. !

Les paroles de l'honorable député de Vaucluse sont
passibles d'une *quatrième* critique. C'est celle qui concerne le rapport nécessaire que M. Naquet dit exister
entre les divers fonds d'Etat. Nous l'avons déjà faite
et n'y reviendrons pas.

Qu'il nous soit enfin permis de dire quel eut été selon
nous le meilleur système de conversion. Nos préfé-
rences eussent été pour une conversion différée en 4 0/0
du 5 0/0 et du 4 1/2 0/0 ; une annuité terminable après
cinq années aurait été de plus donnée aux porteurs.

Voici comment les art. 1 et 2 eussent pu être rédigés :

Art. 1er. — *Le Ministre des finances est autorisé à
rembourser ou à convertir au choix des porteurs les
rentes 5 0/0 et 4 1/2 0/0 inscrites au Grand-Livre de la
dette publique.*

*Le remboursement aura lieu à raison de 100 fr. par
5 fr. de rente 5 0/0 ou par 4 fr. 50 de rente 4 1/2 0/0.*

*La conversion se fera sur les bases suivantes : les por-
teurs de 5 fr. de rente 5 0/0 ou de 4 fr. 50 de rente
4 1/2 0/0 recevront 4 fr. de rente 4 0/0 portant jouissance du 16 août 1883; ils recevront en outre durant
cinq années une annuité supplémentaire de 50 centimes.*

Art. 2. — *L'exercice du droit de remboursement de
l'Etat est suspendu pour les nouvelles rentes 4 0/0 pen-*

dant un délai de dix années à courir du 16 août 1883.

Les autres articles de la loi ne nous paraissent pas soulever de critiques, d'autant plus qu'ils ne touchent que peu, sauf l'art. 5, au côté purement financier de la loi. Nous eussions seulement ajouté l'article suivant sur l'emploi des fonds provenant la conversion :

Art. 13. — A *partir de 1888 il sera prélevé annuellement sur les produits de la conversion une somme de 38 millions qui sera affectée au dégrèvement de l'agriculture.*

Notre système est, on le voit, une conversion décidée aujourd'hui et qui ne produit immédiatement qu'une partie de ses effets. Il aurait apporté comme la loi actuelle une économie momentanée de 34 millions annuels et, après la période de cinq années, l'économie aurait été de 72 millions par année.

Voici les avantages qu'il nous a paru présenter sur la loi actuelle :

1° *L'économie est plus grande.* Durant cinq années 38 millions de plus auraient été réalisés annuellement, ce qui aurait fait un total de 190 millions dont l'Etat aurait profité en plus du bénéfice que lui procure la loi actuelle. L'avantage eût même été plus grand car on n'est pas certain avec la loi actuelle de voir une nouvelle conversion s'effectuer aussitôt le délai de dix années écoulé.

2° *Avec la loi du 27 avril, il faudra songer à faire une nouvelle conversion après dix années,* ce qui aura le triple inconvénient de mécontenter derechef les porteurs, de jeter une nouvelle perturbation sur le marché, de n'être peut-être pas possible par suite de crises économiques, financières ou politiques.

3° *Notre système ramène plus rapidement que la loi le taux de l'intérêt payé par l'Etat au taux du marché* et c'est là le but de toute conversion.

4° *Il réduit à trois les types de rentes de l'Etat français* (3 0/0, — 3 0/0 amortisable, — 4 0/0). Au contraire la loi du 27 avril maintient cinq sortes de rentes (3 0/0,

— 3 0/0 amortissable, — 4 0/0, — 4 1/2 0/0 ancien, — 4 1/2 0/0 nouveau. Ces deux derniers diffèrent entre eux par le délai de non conversion dont bénéficie le nouveau fonds 4 1/2 0/0). Or, s'il est utile qu'un État ait plus d'un type de rente, il est nuisible qu'il en ait trop, car cela engendre la confusion et facilite l'agiotage.

5° *Le titre 4 0/0 créé par notre système se serait classé plus aisément que le 4 0/0 résultant de la loi actuelle.* En effet, comme la loi ne règle pas l'avenir, il en résulte qu'il y a incertitude sur la durée du 4 1/2. Les porteurs peuvent espérer qu'une fois les dix années écoulées, on restera longtemps encore sans convertir de nouveau. Cette croyance faciliterait la spéculation, déterminerait la hausse exagérée du 4 1/2 0/0 qui dès lors changerait de mains. Au contraire, le 4 0/0 qu'aurait créé notre système se serait plus rapproché du pair que le 4 1/2 0/0 et il y aurait au moins tendance à le faire monter, étant donné que la conversion plus énergique par nous proposons aurait doublement frappé les porteurs : immédiatement les porteurs de 5 0/0 et dans cinq années ces mêmes porteurs et de plus ceux du 4 1/2 0/0. Cette façon de procéder aurait prouvé aux spéculateurs et aux rentiers que les conversions répétées sont devenues un système de gouvernement. Le public se serait attendu à une conversion nouvelle après l'expiration des dix années et cette crainte aurait écarté la demande des titres 4 0/0; ce titre, serait donc resté entre les mains des mêmes porteurs, autrement dit il aurait été classé. Or, il est superflu de démontrer quels sont les avantages du classement d'un titre.

6° Le dernier avantage que nous paraît présenter notre système sur la loi du 27 avril, c'est-à-dire sur le projet de la commission, c'est qu'*il eut permis dans un avenir assez rapproché de dégrever l'agriculture des charges exorbitantes qui pèsent sur elle.* Sur les 72 millions, qui dans cinq ans auraient résulté de notre conversion différée, on en aurait consacré 38 au dégrèvement de l'agriculture. Je sais bien qu'on peut nous faire observer que cette façon de procéder règle des budgets assez éloignés de nous et que de plus les Chambres futures ou même les Chambres actuelles pourront revenir sur la décision prise en conformité de notre système. Ces observations sont exactes ; mais je répondrai qu'on ne se résoudra à revenir sur la décision prise en faveur de l'agriculture que dans des cas très-graves et qu'on ne lui enlèvera la somme destinée à un juste soulagement que s'il est vraiment impossible de faire autrement. Si au contraire, comme l'a décidé la loi, on ne prend aucune décision en faveur de cette branche si intéressante de la production nationale, il peut se faire qu'on soit longtemps sans pouvoir lui donner la satisfaction à laquelle elle a droit. Les Chambres sont du reste très-portées vers la pente glissante du gaspillage et des dépenses immodérées et rien ne dit qu'elles ne se laisseront pas enchaîner pour des raisons qu'il est difficile de prévoir, à opérer comme elles l'ont déjà fait des dégrèvements moins utiles que ceux qui touchent à l'agriculture. Certes M. Ferry, le président du conseil, a fait de belles promesses à l'agriculture, mais qui ne sait que promettre est un, et tenir est un autre. Il y a loin des promesses à la réalisation.

Nous sommes naturellement amenés à rappeler en terminant celles qui ont été faites à l'agriculture par les Chambres et par les ministères qui se sont succédés durant ces dernières années.

Le 29 juillet 1881, la Chambre vota un amendement aux termes duquel les excédants devaient être votés au soulagement de l'agriculture.

Le 2 mars 1882 le gouvernement disait dans l'exposé des motifs du budget de 1883 : « Ce n'est un secret pour personne que les dégrèvements nécessaires promis par l'ancienne Chambre à l'agriculture sont liés à une grande opération financière en ce moment ajournée. »

M. Léon Say, le ministre, disait aussi dans un discours

qu'il prononça à Saint-Quentin : « Je suis certain qu'il y a encore dans notre budget ce que j'appellerai les réserves. Il y en a une qui pourrait, je l'espère, être dégagée un jour. C'est un lieu vacant et sans maître, il appartient par conséquent à l'agriculture.

M. Allain-Targé, membre du ministère Gambetta disait aussi dans la séance du 6 novembre 1882 : « Si nous sommes embarrassés par le dégrèvement agricole qu'on nous demande, cela ne tient pas à autre chose qu'à l'ajournement de la conversion..... Le dégrèvement agricole nous le ferons, mais il ne peut être fait que d'une seule façon : avec les 60 millions que nous demanderons à la conversion. »

Un langage semblable a été tenu par les membres autorisés de la Chambre soit à la commission des douanes, soit à la commission du budget. M. Tirard avait fait aussi des promesses analogues. Nous constatons qu'on ne les a pas tenues.

Faisons remarquer du reste que notre article 13 ne préjuge rien sur les moyens en présence pour dégrever l'agriculture (allègement de l'impôt foncier, diminution des droits de mutation à titre onéreux, mise à la charge de l'Etat de la plus grande partie du réseau vicinal).

Lorsqu'une conversion a lieu, il faut qu'un dégrèvement en résulte. Cette façon de procéder ne manque pas d'une louable adresse; car quoiqu'une conversion soit légale et légitime, elle n'en cause pas moins un certain mécontentement chez les porteurs. Elle a l'air de faire des victimes que le public est naturellement porté à plaindre. Aussi n'est-il pas impolitique de procéder à une mesure d'allégement des charges publiques au moment où la conversion a lieu. Ce dégrèvement par la satisfaction qu'il procure aux contribuables, contrebalance le mécontentement des porteurs du titre converti.

Domont (Seine-et-Oise), le 15 juin 1883.

A. RENOUVELLAT.

Paris. — Imp. F. Pichon, 30, rue de l'Arbalète & 24, rue Soufflot.